Cum filio pater equitat ...

Cum filio pater equitat …

Die 10 beliebtesten Balladen auf Lateinisch

Ausgewählt und übersetzt von Franz Schlosser

Reclam

RECLAMS UNIVERSAL-BIBLIOTHEK Nr. 19362
Alle Rechte vorbehalten
© 2017 Philipp Reclam jun. GmbH & Co. KG, Stuttgart
Umschlaggestaltung: Markus Lefrançois
Gesamtherstellung: Reclam, Ditzingen. Printed in Germany 2017
RECLAM, UNIVERSAL-BIBLIOTHEK und
RECLAMS UNIVERSAL-BIBLIOTHEK sind eingetragene Marken
der Philipp Reclam jun. GmbH & Co. KG, Stuttgart
ISBN 978-3-15-019362-4

Auch als E-Book erhältlich

www.reclam.de

Inhalt

Anhang

Literaturhinweise

IOHANNES LUPIMPETUS GOETHIUS
De rege nympharum carmen epicolyricum

Cum filio pater equitat
per noctem nigram. Procella flat.
Amplexu tenet puerulum,
ne vim excipiat frigorum.

»Quid terret te, fili mi, dic mihi?«
»Erlregem nonne vides, pater mi,
caudatum regem daemonum?«
»Hoc, fili mi, est somnium.«

»Care puelle, i cum me,
qui bellos ludos ludo cum te.
Ad litus florescunt flosculi.
Matri meae vestitus aurei.«

»Non audis, non audis, patercule mi,
quod daemonum rex promittit mihi?«
»Quare te timor occupat?
Ventus per folia arida flat.«

»O belle puelle, sequeris me?
Meae filiae bene curabunt te.
Quae nocturnas choreas agent tecum,
te suum mulcebunt suspirium.«

»O pater, mi pater, non vides ibi
filiolas daemonis regii?
»Quod vides, mi fili, est alia res.
Quod vides, mi fili, sunt salices.«

»Te amo, desidero te, care mi.
Me non redamanti vim faciam tibi.«
»En eccum, mi pater, me nunc appetit!
Dolorem rex daemonum mi intulit.«

Terrore percussus pater equitat.
Qui filium manibus circumplicat.
Sed praedio capto filius
amplexu contentus mortuus.

IOHANNES LUPIMPETUS GOETHIUS
De tirone artes magicas tractandi etiam imperito
carmen epicolyricum

Abiit meus magister
doctor vetus magicus.
Cuius ego nunc minister
praeero Daemonibus.
Magicae peritus
artis, carminum
dicendorum scitus
atque gnarus sum.

    I, i, i, i,
    i aquatum,
    ut allatum
    liquidum
    profundatur magna vi
    maximum in solium.

Everriculum, huc veni
veste vetere ornatum
(diu servus eras seni)
et fac tibi imperatum!
Capite instructum
sis et pedibus,
aquam i adductum
vento citius.

    I, i, i, i,
    i aquatum,

ut allatum
liquidum
profundatur magna vi
maximum in solium.

Propere ad ripam currit.
Advenit ad fluvium.
Vento citius aquam haurit
ad implendum balneum.
Quod impletur lente.
Omnis situla
plenast influente
aqua frigida.

Siste, scopa!
Labrum lotum
plenum aqua
nunc est totum.
Siste, popa!
Carmen mihi est ignotum.

Quid est verbum exsecrandum,
quo dicendo iterum
fit e scopa ista fandum,
rectum everriculum?
Plura aqua plena
vasa propere
affert. Fontis vena
irruit in me.

Nunc excedit
modum! Rapiam
scopam, capiam
istam dolo.
Hoc angorem mi iniecit.
Fluctibus hauriri nolo!

O te scopam monstruosam!
Fluctu nos submergi vis?
Ubique aquam undosam
cerno in cubiculis.
O te sceleratam!
Fac in lignum te
vertas, te mutatam
gere placide!

Satis aquae attulisti!
Te nunc rapiam.
Te nunc capiam.
Quae in monstrum te vertisti
ascia caedam rusticam.

Iterum daemon nefandus
aquam affert propere.
Haud cunctanter trucidandus
asciae est acie.
Aspice en eum
scissum optime!
Iterum cor meum
spirat libere.

Di meliora!
Scopae scissae
partes fissae
sunt, vae mihi!,
popae factae sine mora.
Opem mihi ferte, dii!

Iterum currunt aquatum.
Stagnat domus. Auxiliare,
o te fluctum exsecratum!,
mihi, mi magister care!
Eccum, quem vocavi!
Dic: auxilio quos
daemones clamavi,
ut absolvam hos?

Abeatis
et fiatis
quod eratis!
Nam est meum
Daemones eliciendi
solum ius – pro fidem deum.

FRIDERICUS STRABO
De gruibus Ibyci carmen epicolyricum

Corinthi cursus aurigarum
certaminaque poetarum
appetiturus Ibycus
deorum erat filius.
Apollo eum exornavit
voce canora. Qua de re
R(h)egio excessit et migravit
Deo iuvante peregre.

Acrocorinthus iam migrantem
salutat lucum nunc intrantem
Neptuni dei pinuum
pium poetam lyricum.
Nihil movetur. Grues canas
cernit, quae comites se dant
et in regiones meridianas
apriciores volitant.

»Salvete, aves, quae comites mi
fuistis in fluctibus pelagi!
Vos socias in dexterum
accipio augurium.
Nam sumus peregrinatores,
qui pervenimus peregre
hospitioque deversores
nos recipi ducimur spe.«

Gradu citato it. Concreto
iam medio est in pineto.
Cui homicidae subito
consistunt in ponticulo.
Pugnae se offert Ibycus.
Sed vulneratus corruit.
Poeta canit fidibus.
Arcubus numquam cecinit.

Homines, deos invocat.
Sed nemo eum adiuvat.
Audit et videt neminem,
nec deum neque hominem.
»Hic moriar indeploratus
ignota in tellure, qui,
eheu, inultus sum necatus
ab ista faece populi.«

Procumbit. Grues advolantes
pennis plaudentes, crocitantes
formidolosis vocibus
non videt, audit Ibycus.
»Grues, eheu, amabo vos,
in ius vocate«, mussitat,
»criminis testes, improbos!«
Quo dicto vita emigrat.

Inveniunt corpus denudatum
vulneribusque deformatum.
Sed hospes Corinthiacus
agnoscit vultum illius.

»Te, quem revideo necatum,
summa speravi gloria
affectum iri et ornatum
clara corona pinea.«

Quod audiunt hospites stupentes
festum Neptuni appetentes.
Magno dolore totius
Graeciae affectust populus.
Qui, Prytanis ut ulciscatur
necati manes, postulat,
ut nex supplicio puniatur,
iustitiam ut restituat.

Quod est vestigium sequendum
ad homicidam reperiendum
in turba sibi aditum
ad ludos facientium?
Sectatur Prytanis latronem
dolosum, hostem invidum?
Scit Phoebus solus responsionem,
qui lustrat vitam omnium.

Commodum turbam sescentorum
pervadit forsitan Graecorum,
flagitii qui fructibus
perfruitur maleficus.
Ad limina Deum templorum
fortasse vel se inserit
ingenti turbae spectatorum,
quae in theatrum irruit.

E cunctis locis affluentes
exspectatione plenae gentes
Graecorum in subselliis
insidunt refertissimis.
Suggestus crescit, crescit, crescit.
Ut fluctus spumans pelagi
amplificatur et tumescit,
quod verberatur venti vi.

Quis novit nomina cunctorum,
qui huc venerunt, populorum:
Cecropii et Aulidenses,
Spartiates fortes et Phocenses;
ex Asia, ex insulis
venerunt remotissimis
ad audiendos horridos
chori praeclari modulos.

Antiquitus est usitatum,
ut e sipario tardatum
cantrices gradum proferant
theatrumque circumeant.
Mulieres hae animalia
terrestria sunt minime!
Quarum transcendunt corporalia
terrestria insolite.

Sunt lumbi pallio ornati
et carne digiti orbati.
Rutilam facem concutiunt,
quarum exsangues genae sunt.

Non ornant crines fluitantes
frontem harum mulierum,
sed viperae ventrem inflantes
veneno tinctum tumidum.

In orbem nunc circumaguntur
et ad cantandum aggrediuntur
hymnum moventem animum
turpissimi vel scelerum.
Cantus acerbus furiarum
corda commovens resonat
per ima ossa advenarum.
Lyrarum sonos superat.

»Se habet bene, cui est datus
animus purus expiatus.
Qui vindicandus minime.
Qui vitam vivat libere.
Vae autem huic, quem repudiamus,
quod caedem fecit! Sceleri
isti vestigiis instamus,
nos, suboles diaboli.

Cum fugam petere conatur,
fuga a nobis disturbatur,
quae improbum compedibus
devinctum humi sternimus.
Quem sequimur, maleficiorum
ut pigeat hunc, animo
usque ad regnum inferorum,
hercle, obstinatissimo.«

Totae se dedunt nunc choreae
et cantui ultrices deae.
Silentium circum opprimit
quasi Mors ipsa prope sit.
More antiquo usitato
theatrum hae circumeunt
et graviter, gradu tardato
se post proscaenium referunt.

Est verum? Est imago vana?
Hae sua non produnt arcana.
Imperiosae dedita
occultae vi sunt omnia.
Quae glomera hominis fati
caliginosi conserit,
profundi et inexplorati,
sed lucem solis aufugit.

Summis in gradibus repente
vox resonat haud sana mente:
»En aspice, Timotheus mi!
Hae aves grues Ibyci!«
Tum totum caelum obscuratur
et magnum crocitantium
examen gruum observatur
circum praetervolantium.

Ibyci! Omnium in ore
nomen nos afficit maerore.
Et fama fertur citius
quam ventus flat per pelagus:

Est Ibycus vir cunctis gratus,
quem vox clamantis memorat,
a turba gruum vir ploratus.
Quid turba haec significat?

Interrogata nunc maiore
aguntur voce et clamore.
Et vox: Attende animum
et cave vim Eumenidum!
Poetam olet sceleratus,
qui ipse se enuntiat.
Capite, qui vociferatus,
et hominem, qui iuxta stat!«

Utinam, hercle, tacuisset
atque philosophus mansisset!
Os pallidum et luridum
aperit culpae conscium.
Iudicia de his exercentur,
interrogantur improbi
amboque scelus confitentur
ultionis vi attoniti.

FRIDERICUS STRABO
De cautione a Moero praebita carmen epicolyricum

Obrepserat Dionysio
tyranno sica armatus
Moerus, qui in vincula datus.
»Quid moliebaris, verbero?«
rex vultu clamavit saevissimo.
»Regionem a te liberare.«
»Quod capite lues, mi care!«

»Paratus ad emoriendum sum, qui
interitum non deprecabor.
Si poena autem liberabor,
da spatium trium dierum mi
sororem dum nuptum dem coniugi.
Amicum sponsorem tibi dabo.
Quem neca, si fidem mutabo.«

Cui rex vultu renidens subdolo:
»Non diu deliberabo.
Tres dies tibi praestabo.
Si triduo autem praeterito
reversum tete non revidero,
amicus pro te morietur
poenaque tibi remittetur.«

»Rex«, dicit amico, »patibulo me
affigere vult impurum
nefandum scelus moliturum.

Sorori concedit ingenue
tres dies ad viro iungendam se.
Tyranno te pignori dabo.
Reversus fidem liberabo.«

Amicus fidelis amplectitur
amicum. Tum ipse se tradit
tyranno. Et Moerus evadit.
Cum tertio die sol oritur
soror cum marito coniungitur.
Sollicitus domum festinat,
ne tridui spatium exeat.

Repente vis pluviae decidit
et de monte decidunt imbres
et augescunt rivi et amnes.
Ad pontem cum baculo advenit.
Quem turbidus torrens diruit.
Et fluctuum aufertur vi
contignatio ponticuli.

Nunc errat in ripa saxea.
Ut diu in ea vagetur,
circumspectet et vociferetur,
non solvitur tamen navicula
ad hunc deponendum in patria.
Non regit lintrem nautilus –
e rivo saevo fit pelagus.

In ripa procumbit et lacrimat
et Iovem implorat: »Torrentem,

amabo te, doma saevientem!
Fugiunt horae. Ne sol occidat,
te Iovem precabor, ne nox appetat.
Ad tempus mi urbs est capienda,
amici nex prohibenda.

Sed torrens accrescit, rabiosus fit,
et fluctus nascuntur, rumpuntur,
et horae, eheu, elabuntur.
In metu Moerus animosus fit.
In fluctus spumantes se inicit,
quos manibus sulcat. Tum eius
audacis miseritust Deus.

Ad marginem ripae nunc advenit
et laudibus praedicat Deum,
cum latronicinium in eum
nocturno e nemore irruit
viamque fugenti obstruit
clavis fustibusque armatum
ad omne flagitium paratum.

»Quid vultis me?« clamat et intremit.
»Nil praeter vitam habeo,
quam pigneravi regulo.«
Praedoni tum clavam arripit.
De vita amici ne actum sit,
tres gladii ictibus iugulat
et ceteris furibus fugam dat.

Urit Phoebus, qui vere est fervidus.
Procumbit vir sole enectus
magnoque labore confectus.
»Servasti me furum e manibus,
servavisti me amnis e fluctibus –
sinisne nunc moriar, luce
amicus exspiret in cruce?

Qui hic est sonitus lucidus,
quem sonitum audit bullientem,
spumantem, scatentem, strepentem?
E rupibus garrulus, vividus
en exsilit parvus fonticulus.
Et laete se flectit dolentia
et reficit membra urentia.

Per virides ramos sol perspicit.
Imagine umbra velata
ornatur frons sole lustrata.
Duos viatores nunc conspicit.
Cum cursu citato hos praeterit,
haec verba audit: »In cruce
pendebit nunc prima iam luce.«

Et terrore perculsus nunc citius it
oppressus mole curarum,
et pinnas nunc Syracusarum
vespere rubente iam conspicit.
In Philostratum servum incidit,
aedium custodem turbatum,
dominum qui agnoscit vexatum.

»Redi! Est sero! Tu intimum
servare non potes. Morietur,
in crucem confestim tolletur,
qui triduum diutinissimum
tuum exspectaverat reditum.
Etsi rex eum deriserat,
fidem in te non amiserat.«

»Est sero. Hac salvatorem de re
non possum praebere me gratum.
Cum hoc mori meumst optatum.
Ne credat tyrannus crudelis me
decepisse amicum fidelem spe.
E vita nunc ambo migramus.
Amorem et fidem servamus.«

Occidente en sole ad portam nunc stat.
Iam lignum crucis erectum,
quod civium haud fugit conspectum.
Fune carnifex intimum sublevat.
Per turbam Moerus sibi aditum dat:
»Me, carnifex, caede!«, clamavit,
»nec virum, qui me adiuvavit.«

Circumstantes omnes stupefacti sunt.
Amici inter se amplexantur
amboque fatum lamentantur.
Ex oculis lacrimae effluunt.
Haec miranda ad regem perveniunt.
Cui valde moveri his lubet.
Ad regiam duci hos iubet.

Quos aspicit diu miratus. Tum:
»Laetitiam mi attulistis
et animum meum movistis.
Non vanum est fides propositum.
Me vobis adiungite socium
nunc tertium. Haec tenet me spes.
Amici dehinc simus tres!«

HENRICUS HENRICULUS
De Loreley Sirene arcana carmen epicolyricum

Ignoro re vera rationem
meae maestitiae.
Non venio in oblivionem
veterrimae fabulae.

Subfrigidus aër est, Rhenus
cursu fluit stabili.
Et vertex montanus plenus
est solis vesperi.

In scopulo sedet puella,
bellissima virginum.
Quae pectine pectit pulchella
capillum aureum.

Hanc cerno capillum pectentem,
quae cantiunculam
magnificam cantat habentem
mirandam melodiam.

Dolore afficitur nauta,
maerore acerrimo.
Non curat ratione incauta
pericula fluminis. Pro!

Hunc haurient una cum navi
fluctus Rheni rapidi.
Quod virgo effecerit suavi
voce mirabili.

EDUARDUS MOERICIUS
De ignivigile equestri carmen epicolyricum

Ad fenestram parvulam
vide rubrum pilleum!
Iterum turbatus iam
currit per cubiculum.
O quae turba repentino
prope pontem ligneum!
Audi tintinnabulum:
    Ortum est,
    ortum est
incendium in pistrino.

Equo vehitur citato
en per portam rabidus,
equo fame macerato
eques siphonarius!
Ex transverso in equino
tergo ad incendium
currit. Audit sonitum:
    Ortum est,
    ortum est
incendium in pistrino.

Ignis, quem saepissime
odoratust procul iam,
crucis schidia impie
excitavit flammas clam.
Hostis oleo camino

addito irridet te.
Di propitie gerant se!
   Hostis iam,
   hostis iam
saevit in pistrino!

Quod post horam corruit.
Ex hac hora alacrem
et audacem nemo vidit
umquam illum equitem.
Domum magna grex pistrino
usto redit hominum.
Tacet tintinnabulum.
   Ortum est,
   ortum est
incendium! –

A pistore postea
equi siphonariique
equitis sunt corpora
indagata usta igne.
In cadavere equino
sedet vir exanimis!
Cinis boni equitis
   molliter,
   molliter
cubet in pistrino.

HANNULA DIPIFERA-HULISHOFFA
De puero in terra uliginosa via decepto carmen
epicolyricum

Horrenda sunt loca palustria.
Quae fumant, nam turfa crematur.
In nubes evolvitur nebula.
Frutectum nimis luxuriatur.
Aquulula strepit sub pedibus
et sibilat, stridet ut rivulus.
Horrenda sunt loca palustria,
harundo cum vento perflatur!

Puerulus tremit et trepidat
ut caprea, quae agitatur.
Ventus per ericetum sibilat.
A quo fruticetum turbatur?
Quod fossor conturbat larvalis, qui
vir potando consumit aes domini.
Ut bos insanus fugae se dat
puellus, qui metu tremulat.

Abietis truncus prospicit,
annuit pinus truncata,
puellus aures erigit
per carecta currens hastata.
Quid crepit in carice? Impia,
scelesta, dolosa vestifica,
quam ius exsilio afficit,
quae stamina net repudiata.

Quam cito currit, quam properat
qui polypi fugit flagellum,
qui pondere pedum agitat
strepentem, bullientem rivellum,
cui est horribilis modulus.
Hoc violonista est infidus
furtificus Cnauf, qui clepserat
munus nuptiale pulchellum.

Dehiscit terra. Hianti, vae,
e scrobe suspirium flatur:
»Vae miserandae mi feminae
sacrae!« Greta lamentatur.
Tamquam capreolus saucius
fugit. Quem adiuvat genius,
ne telluri is traditus luteae
inanimus inveniatur.

Paulatim terra nunc firma fit.
Parentum in domo amata
lucerna patria contremit.
Puellus in via nunc strata.
Respirat, suspirat, timidis
paludinem respicit oculis.
Cui etiamnunc metum inicit.
Palustria horrida prata!

THEODORIUS SILANUS

De ponte ferriviario per Tay flumen facto everso
carmen epicolyricum

»Quando conveniam vos iterum?«
  »Post horam iam ad pontem ferreum.«
    »In ponte medio.«
          »Exstinctrix sum …«
»… luminum.«

      »De meridie advenio.«
»De polo ego gelido.«
       »Ego de oceano.«

»Eugepae, cor iubilat.
Pons iste necesse est concidat!«

»Et tramen, quod pontem se invehet
hora septima?«
     »Et corruet.«
»Corruet.«

   »Quod fit
hominum manibus dissilit.«

Aquilonia in parte casae sunt
fenestrae, quae ad meridiem speciunt.
Pontis vigiles valde turbati
ad meridiem speciunt exagitati
et sperant mox lucem visuros surgentem
e mari et verba »iam venio« dicentem,

»procellae resisto et fluctibus. Sum
tramen Dunedinium.«

Pontis vigil tum: »Lucem video.
Quin traminis sit non dubito.
Natali in arbore omnia
accende, matercula, lumina.
Ut die, quo natus est Christulus
in stabulo misero, facimus.
Nam Hannulus hodie nos convenit.
Momento iam temporis aderit.«

Fuit tramen re vera. Quod pharum iam
praeterit adversus maritimam
procellam. Et Hannes: »Transibimus
nunc tramine pontem et pelagus.
Aënum vaporariaque
omnia vincent usquequaque.
Ut venti mare verberent,
hi tamen nos minime subigent.

Pons ad superbiam me inflat.
Vetustum navigium risum mi dat.
Mi afferebat molestiam
et vitam reddebat sollicitam.
Stationem egi, plurimas
vigilias natalicias.
Domunculae nostrae lumina
conspexi in ripa contraria.«

Aquilonia in parte casae sunt
fenestrae, quae ad meridiem speciunt.
Pontis vigiles valde turbati
ad meridiem speciunt exagitati,
nam multo accrevit vis ventorum
et ignis de caelo nunc infernorum
in fauces saeventium fluctuum
delabitur. Tum nox fit iterum.

»Quando conveniam vos iterum?«
　　»Media nocte ad dorsulum.«
　　　　»In stagno ad truncum alneum.«

»Ego veniam.«
　　　　　　»Ego quoque.«
　　　　　　　　　　　»Dicam numerum.«
»Ego nomina.«
　　　　　　»Ego incommodum.«

»Oh!
　　　Discissa est contignatio.«

　　　　　　　　　　　　　»Quod fit
hominum manibus dissilit.«

THEODORIUS SILANUS
De John Maynard navigii gubernatore animoso
carmen epicolyricum

John Maynard!

»Quis est John Maynard?«

»John Maynard rexit navigium
ad ripam per pelagus turbidum.
Nos omnes servavit. Honoribus,
qui se immolavit, afficimus.
        John Maynard.«

      *

Lacum Eriarum cum pervolat
»Hirundo«, spuma proram verberat.
Propinquat navigium Bubalo.
Vectores hilari animo.
In luce sublustri hi enim iam
conspiciunt ripam finitimam
et quaerunt e gubernatore
»Quam diu etiam?« uno ore.
Qui prospicit, circumspicit. Tum:
»Dimidiae horae spatium.«

Omnes bene affecti, alacri animo.
E navis sentina subito
»Incendium!« vox magna clamitat,
»Diaeta incendio conflagrat!«

Nunc flagrat totum navigium.
Etiam viginti minutae ad Bubalum.

Varii vectores confluunt.
In prora conferti et pressi sunt.
Quae nondum ardet. Vi nubium
velatum est gubernaculum.
»Ubi sumus?« auditur convicium.
Etiam quadrans horae ad Bubalum.

Adflatus vis crescit, fumus densior fit.
Navis praefectus clavum prospicit.
Rectorem suum non videt. Quem
megáphono rogat hominem:
»Ades, John Maynard?«

      »Sic. Sum etiam.
Peto ripam. Per aestum

      navem dirigam.«
Et vectores huic: »Cape animum!«
Etiam decem minutae ad Bubalum!

»Es etiam ad gubernaculum?«
Et vox morituri: »Certissime sum!«
John Maynard »Hirundinem« medium
per aestum tum agitat turbidum.
Salvatio vectorum ignivomi
navigii ripa est Bubali.

   *

Navigio fracto incendio correpto
salvati sunt omnes rectore excepto.

      *

Dei aedium voces resonant
campanarum. Virum memorant.
Urbs tacet et sonat clarissime.
Nil aliud facit hodie.
Pompam innumerabiles
prosequuntur deflentes homines.

Floriferum humant sarcophagum.
Floribus ornant tumulum.
Marmoreo cippo urbs aureas
sequentes incidit has litteras:
    »Hic situs John Maynard. Incendium
    qui pertulit ad gubernaculum.
    Nos omnes servavit. Honoribus,
    qui se immolavit, afficimus.
        John Maynard.«

CONRADUS FERDINANDUS MAIOR
De pedibus in igne palpitantibus carmen
epicolyrıcum

Fulmen coruscat. Turris lucet luride.
Caelum intonat. Coërcet eques equum,
e quo desilit. Portam pulsat. Pallium
in vento fluitat. Frenos equo inicit.
Clare clatratam per fenestram micat lux.
A viro nobili nunc porta patefit.

»Sum regis servus iussu eius nuntius
Nemausum missus. Praebe mi hospitium.«
»Vento saeviente te invito hospitem.
Intra et corpus calefac! Equum curo!«
Eques obscuram in pinothecam intrat
haud illustratam igne foci tenui.
Igne micante luminata apparet
huc Protestantis militaris et illuc
imago dominae superbae nobilis.
Eques residit sella ante focum hunc.
In ignem vivum spectat, volvitur aliquid.
Capilli horrent. Focum novit et atrium …
Sibilat flamma. Duo pedes palpitant …

Mensam curatrix grandis natu linteis
candidıs tegit adiuvante servula.
Vinarium affert puer. Perterriti
focum et hospitem intuentur liberi …
Sibilat flamma. Duo pedes palpitant …

Idem sacer oecus! Idem insigne!
Ante tres annos … Protestantes agito …
Contumax mulier … »Ubi dominus, dic mi!«
Haec tacet. »Redde eum!« Tacet pervicax.

Inflammor furore. Traho creaturam …
Comprendo pedes nudos et immitto hos
in aestum. »Redde eum!« … Tacet pervicax …
Incurvat corpus … Non vidisti insigne?
Quis invitavit te ad cenam, asine?
Cruoris gutta ultima necabit te.
Vir intrat. »Somnias? Ad cenam rogo te.«

Ecce hos. Nigro sunt vestiti habitu.
Non faciunt preces ante cenam liberi.
Defigunt oculos in vultu hospitis. –
Vinum redundat, quod infundit faucibus.
De sella exsilit. »Nunc lectum mihi da!
Sum lassus!« Lumen ei praefert famulus.
Respectat autem limen oeci transiens.
Insusurrantem videt filium aliquid …
In aedem famulum vacillans sequitur.

Obserat fores. Pistolium, gladium probat.
Sibilat ventus. Tremit tectum atrii.
Crepitant scalae. Quis suspenso gradu it?
Non recte audit. Media nox praeterit.
Palpebrae plumbeae. Defessus incidit
in lectum. Foris imber strepit. Somniat.

»Fatere!« Tacet. »Fac eum reddas!« Tacet.
In igne pedes duo micant feminae.
Sibilat mare igneum, quod vorat hunc …
»Expergiscere! Abi! Lux oritur!«
Per portam textilem in aedem pervenit
et stat ad lectum canus factus dominus,
cui etiam heri crines erant subnigri.

Per silvam equitant ventis silentibus.
Rami defracti in via dispersi sunt.
Etiam per somnum primae aves fritinniunt.
Per caelum clarum nubes fluunt placidae
quasi redissent vigilantes angeli.
Terrae odorem fortem glaebae hauriunt.
Patefit campus. Aratrum terram subigit.
Nobilem virum intuetur eques. Tum:
»Consideratus es et prudens, domine!
Me regi maximo parere certe scis.
Fac in aeternum valeas.« Tum alter haec:
»Sic! Regi maximo oboedis. Hodie
aegre huic parui. Necasti coniugem.
Et vivis! … Deus dicit: Mea ultio.«

Anhang

Zu dieser Ausgabe

Textrhythmus, Reim und Versmaß machten eine vers- und wortge-
naue Übertragung unmöglich. Zwangsläufig musste der Herausgeber
sich an vielen Stellen stark vom Original entfernen und mehr als
Dichter denn als Übersetzer fungieren.

Im Folgenden finden sich zusätzlich zu den Originaltexten, die der
von Evelyne Polt-Heinzl und Christine Schmidjell herausgegebenen
Reclam-Ausgabe *Die schönsten Balladen* entnommen sind, Angaben
zur Lebenszeit des Autors und zur Datierung der jeweiligen Ballade.

JOHANN WOLFGANG GOETHE   (1749–1832)
Erlkönig

Wer reitet so spät durch Nacht und Wind?
Es ist der Vater mit seinem Kind;
Er hat den Knaben wohl in dem Arm,
Er fasst ihn sicher, er hält ihn warm.

Mein Sohn, was birgst du so bang dein Gesicht? –
Siehst, Vater, du den Erlkönig nicht?
Den Erlenkönig mit Kron und Schweif? –
Mein Sohn, es ist ein Nebelstreif. –

»Du liebes Kind, komm, geh mit mir!
Gar schöne Spiele spiel ich mit dir;
Manch bunte Blumen sind an dem Strand;
Meine Mutter hat manch gülden Gewand.«

Mein Vater, mein Vater, und hörest du nicht,
Was Erlenkönig mir leise verspricht? –
Sei ruhig, bleibe ruhig, mein Kind;
In dürren Blättern säuselt der Wind. –

»Willst, feiner Knabe, du mit mir gehn?
Meine Töchter sollen dich warten schön;
Meine Töchter führen den nächtlichen Reihn,
Und wiegen und tanzen und singen dich ein.«

Mein Vater, mein Vater, und siehst du nicht dort
Erlkönigs Töchter am düstern Ort? –
Mein Sohn, mein Sohn, ich seh es genau;
Es scheinen die alten Weiden so grau. –

»Ich liebe dich, mich reizt deine schöne Gestalt;
Und bist du nicht willig, so brauch ich Gewalt.«
Mein Vater, mein Vater, jetzt fasst er mich an!
Erlkönig hat mir ein Leids getan! –

Dem Vater grauset's, er reitet geschwind,
Er hält in Armen das ächzende Kind,
Erreicht den Hof mit Mühe und Not;
In seinen Armen das Kind war tot.

> Goethe verfasste die Ballade 1782 als Teil des Singspiels
> *Die Fischerin.*

Der Zauberlehrling

Hat der alte Hexenmeister
Sich doch einmal wegbegeben!
Und nun sollen seine Geister
Auch nach meinem Willen leben.
Seine Wort und Werke
Merkt ich, und den Brauch,
Und mit Geistesstärke
Tu ich Wunder auch.

Walle! walle
Manche Strecke,
Dass, zum Zwecke,
Wasser fließe,
Und mit reichem vollem Schwalle
Zu dem Bade sich ergieße.

Und nun komm, du alter Besen!
Nimm die schlechten Lumpenhüllen;
Bist schon lange Knecht gewesen;
Nun erfülle meinen Willen!
Auf zwei Beinen stehe,
Oben sei ein Kopf,
Eile nun und gehe
Mit dem Wassertopf!

Walle! walle
Manche Strecke,
Dass, zum Zwecke,
Wasser fließe,
Und mit reichem vollem Schwalle
Zu dem Bade sich ergieße.

Seht, er läuft zum Ufer nieder;
Wahrlich! ist schon an dem Flusse,
Und mit Blitzesschnelle wieder
Ist er hier mit raschem Gusse.
Schon zum zweitenmale!
Wie das Becken schwillt!
Wie sich jede Schale
Voll mit Wasser füllt!

Stehe! stehe!
Denn wir haben
Deiner Gaben
Vollgemessen! –
Ach, ich merk es! Wehe! wehe!
Hab ich doch das Wort vergessen!

Ach das Wort, worauf am Ende
Er das wird, was er gewesen.
Ach, er läuft und bringt behende!
Wärst du doch der alte Besen!
Immer neue Güsse
Bringt er schnell herein,
Ach! und hundert Flüsse
Stürzen auf mich ein.

Nein, nicht länger
Kann ich's lassen;
Will ihn fassen.
Das ist Tücke!

Ach! nun wird mir immer bänger!
Welche Miene! welche Blicke!

O, du Ausgeburt der Hölle!
Soll das ganze Haus ersaufen?
Seh ich über jede Schwelle
Doch schon Wasserströme laufen.
Ein verruchter Besen,
Der nicht hören will!
Stock, der du gewesen,
Steh doch wieder still!

Willst's am Ende
Gar nicht lassen?
Will dich fassen,
Will dich halten,
Und das alte Holz behende
Mit dem scharfen Beile spalten.

Seht, da kommt er schleppend wieder!
Wie ich mich nur auf dich werfe,
Gleich, o Kobold, liegst du nieder;
Krachend trifft die glatte Schärfe.
Wahrlich! brav getroffen!
Seht, er ist entzwei!
Und nun kann ich hoffen,
Und ich atme frei!

Wehe! wehe!
Beide Teile
Stehn in Eile
Schon als Knechte
Völlig fertig in die Höhe!
Helft mir, ach! ihr hohen Mächte!

Und sie laufen! Nass und nässer
Wird's im Saal und auf den Stufen.
Welch entsetzliches Gewässer!
Herr und Meister! hör mich rufen! –
Ach, da kommt der Meister!
Herr, die Not ist groß!
Die ich rief, die Geister,
Werd ich nun nicht los.

»In die Ecke,
Besen! Besen!
Seid's gewesen.
Denn als Geister
Ruft euch nur, zu seinem Zwecke,
Erst hervor der alte Meister.«

Der Zauberlehrling datiert in das sogenannte Balladenjahr 1797.
Gedruckt wurde der Text erstmals 1827.

FRIEDRICH SCHILLER (1759–1805)
Die Kraniche des Ibykus

Zum Kampf der Wagen und Gesänge,
Der auf Korinthus' Landesenge
Der Griechen Stämme froh vereint,
Zog Ibykus, der Götterfreund.
Ihm schenkte des Gesanges Gabe,
Der Lieder süßen Mund Apoll,
So wandert' er, an leichtem Stabe,
Aus Rhegium, des Gottes voll.

Schon winkt auf hohem Bergesrücken
Akrokorinth des Wandrers Blicken,

Und in Poseidons Fichtenhain
Tritt er mit frommem Schauder ein.
Nichts regt sich um ihn her, nur Schwärme
Von Kranichen begleiten ihn,
Die fernhin nach des Südens Wärme
In graulichtem Geschwader ziehn.

»Seid mir gegrüßt, befreundte Scharen!
Die mir zur See Begleiter waren,
Zum guten Zeichen nehm ich euch,
Mein Los, es ist dem euren gleich.
Von fernher kommen wir gezogen
Und flehen um ein wirtlich Dach.
Sei uns der Gastliche gewogen,
Der von dem Fremdling wehrt die Schmach!«

Und munter fördert er die Schritte,
Und sieht sich in des Waldes Mitte,
Da sperren, auf gedrangem Steg,
Zwei Mörder plötzlich seinen Weg.
Zum Kampfe muss er sich bereiten,
Doch bald ermattet sinkt die Hand,
Sie hat der Leier zarte Saiten,
Doch nie des Bogens Kraft gespannt.

Er ruft die Menschen an, die Götter,
Sein Flehen dringt zu keinem Retter,
Wie weit er auch die Stimme schickt,
Nichts Lebendes wird hier erblickt.
»So muss ich hier verlassen sterben,
Auf fremdem Boden, unbeweint,
Durch böser Buben Hand verderben,
Wo auch kein Rächer mir erscheint!«

Und schwer getroffen sinkt er nieder,
Da rauscht der Kraniche Gefieder,

Er hört, schon kann er nicht mehr sehn,
Die nahen Stimmen furchtbar krähn.
»Von euch, ihr Kraniche dort oben!
Wenn keine andre Stimme spricht,
Sei meines Mordes Klag erhoben!«
Er ruft es, und sein Auge bricht.

Der nackte Leichnam wird gefunden,
Und bald, obgleich entstellt von Wunden,
Erkennt der Gastfreund in Korinth
Die Züge, die ihm teuer sind.
»Und muss ich so dich wiederfinden,
Und hoffte mit der Fichte Kranz
Des Sängers Schläfe zu umwinden,
Bestrahlt von seines Ruhmes Glanz!«

Und jammernd hören's alle Gäste,
Versammelt bei Poseidons Feste,
Ganz Griechenland ergreift der Schmerz,
Verloren hat ihn jedes Herz.
Und stürmend drängt sich zum Prytanen
Das Volk, es fodert seine Wut,
Zu rächen des Erschlagnen Manen,
Zu sühnen mit des Mörders Blut.

Doch wo die Spur, die aus der Menge,
Der Völker flutendem Gedränge,
Gelocket von der Spiele Pracht,
Den schwarzen Täter kenntlich macht?
Sind's Räuber, die ihn feig erschlagen?
Tat's neidisch ein verborgner Feind?
Nur Helios vermag's zu sagen,
Der alles Irdische bescheint.

Er geht vielleicht mit frechem Schritte
Jetzt eben durch der Griechen Mitte,

Und während ihn die Rache sucht,
Genießt er seines Frevels Frucht.
Auf ihres eignen Tempels Schwelle
Trotzt er vielleicht den Göttern, mengt
Sich dreist in jene Menschenwelle,
Die dort sich zum Theater drängt.

Denn Bank an Bank gedränget sitzen,
Es brechen fast der Bühne Stützen,
Herbeigeströmt von fern und nah,
Der Griechen Völker wartend da,
Dumpfbrausend wie des Meeres Wogen;
Von Menschen wimmelnd, wächst der Bau
In weiter stets geschweiftem Bogen
Hinauf bis in des Himmels Blau.

Wer zählt die Völker, nennt die Namen,
Die gastlich hier zusammenkamen?
Von Theseus' Stadt, von Aulis Strand,
Von Phokis, vom Spartanerland,
Von Asiens entlegner Küste,
Von allen Inseln kamen sie
Und horchen von dem Schaugerüste
Des Chores grauser Melodie,

Der streng und ernst, nach alter Sitte,
Mit langsam abgemessnem Schritte,
Hervortritt aus dem Hintergrund,
Umwandelnd des Theaters Rund.
So schreiten keine irdschen Weiber,
Die zeugete kein sterblich Haus!
Es steigt das Riesenmaß der Leiber
Hoch über menschliches hinaus.

Ein schwarzer Mantel schlägt die Lenden,
Sie schwingen in entfleischten Händen

Der Fackel düsterrote Glut,
In ihren Wangen fließt kein Blut.
Und wo die Haare lieblich flattern,
Um Menschenstirnen freundlich wehn,
Da sieht man Schlangen hier und Nattern
Die giftgeschwollnen Bäuche blähn.

Und schauerlich gedreht im Kreise
Beginnen sie des Hymnus Weise,
Der durch das Herz zerreißend dringt,
Die Bande um den Sünder schlingt.
Besinnungraubend, herzbetörend
Schallt der Erinnyen Gesang,
Er schallt, des Hörers Mark verzehrend,
Und duldet nicht der Leier Klang:

»Wohl dem, der frei von Schuld und Fehle
Bewahrt die kindlich reine Seele!
Ihm dürfen wir nicht rächend nahn,
Er wandelt frei des Lebens Bahn.
Doch wehe, wehe, wer verstohlen
Des Mordes schwere Tat vollbracht,
Wir heften uns an seine Sohlen,
Das furchtbare Geschlecht der Nacht!

Und glaubt er fliehend zu entspringen,
Geflügelt sind wir da, die Schlingen
Ihm werfend um den flüchtgen Fuß,
Dass er zu Boden fallen muss.
So jagen wir ihn, ohn Ermatten,
Versöhnen kann uns keine Reu,
Ihn fort und fort bis zu den Schatten,
Und geben ihn auch dort nicht frei.«

So singend, tanzen sie den Reigen,
Und Stille wie des Todes Schweigen

Liegt überm ganzen Hause schwer,
Als ob die Gottheit nahe wär.
Und feierlich, nach alter Sitte
Umwandelnd des Theaters Rund,
Mit langsam abgemessnem Schritte,
Verschwinden sie im Hintergrund.

Und zwischen Trug und Wahrheit schwebet
Noch zweifelnd jede Brust und bebet
Und huldiget der furchtbarn Macht,
Die richtend im Verborgnen wacht,
Die unerforschlich, unergründet
Des Schicksals dunkeln Knäuel flicht,
Dem tiefen Herzen sich verkündet,
Doch fliehet vor dem Sonnenlicht.

Da hört man auf den höchsten Stufen
Auf einmal eine Stimme rufen:
»Sieh da! Sieh da, Timotheus,
Die Kraniche des Ibykus!« –
Und finster plötzlich wird der Himmel,
Und über dem Theater hin
Sieht man in schwärzlichtem Gewimmel
Ein Kranichheer vorüberziehn.

»Des Ibykus!« – Der teure Name
Rührt jede Brust mit neuem Grame,
Und, wie im Meere Well auf Well,
So läuft's von Mund zu Munde schnell:
»Des Ibykus, den wir beweinen,
Den eine Mörderhand erschlug!
Was ist's mit dem? Was kann er meinen?
Was ist's mit diesem Kranichzug?« –

Und lauter immer wird die Frage,
Und ahnend fliegt's mit Blitzesschlage

Durch alle Herzen. »Gebet acht!
Das ist der Eumeniden Macht!
Der fromme Dichter wird gerochen,
Der Mörder bietet selbst sich dar!
Ergreift ihn, der das Wort gesprochen,
Und ihn, an den's gerichtet war.«

Doch dem war kaum das Wort entfahren,
Möcht er's im Busen gern bewahren;
Umsonst, der schreckenbleiche Mund
Macht schnell die Schuldbewussten kund.
Man reißt und schleppt sie vor den Richter,
Die Szene wird zum Tribunal,
Und es gestehn die Bösewichter,
Getroffen von der Rache Strahl.

> Wie auch Goethes *Zauberlehrling* datiert *Die Kraniche des Iby-
> kus* in das Jahr 1797. Schon antike Quellen berichten von der Er-
> mordung des Dichters Ibykos.

Die Bürgschaft

Zu Dionys, dem Tyrannen, schlich
Möros, den Dolch im Gewande;
Ihn schlugen die Häscher in Bande.
»Was wolltest du mit dem Dolche, sprich!«
Entgegnet ihm finster der Wüterich.
»Die Stadt vom Tyrannen befreien!«
»Das sollst du am Kreuze bereuen.«

»Ich bin«, spricht jener, »zu sterben bereit
Und bitte nicht um mein Leben,
Doch willst du Gnade mir geben,
Ich flehe dich um drei Tage Zeit,
Bis ich die Schwester dem Gatten gefreit,

Ich lasse den Freund dir als Bürgen,
Ihn magst du, entrinn ich, erwürgen.«

Da lächelt der König mit arger List
Und spricht nach kurzem Bedenken:
»Drei Tage will ich dir schenken.
Doch wisse! Wenn sie verstrichen, die Frist,
Eh du zurück mir gegeben bist,
So muss er statt deiner erblassen,
Doch dir ist die Strafe erlassen.«

Und er kommt zum Freunde: »Der König gebeut,
Dass ich am Kreuz mit dem Leben
Bezahle das frevelnde Streben,
Doch will er mir gönnen drei Tage Zeit,
Bis ich die Schwester dem Gatten gefreit,
So bleib du dem König zum Pfande,
Bis ich komme, zu lösen die Bande.«

Und schweigend umarmt ihn der treue Freund
Und liefert sich aus dem Tyrannen,
Der andere ziehet von dannen.
Und ehe das dritte Morgenrot scheint,
Hat er schnell mit dem Gatten die Schwester vereint,
Eilt heim mit sorgender Seele,
Damit er die Frist nicht verfehle.

Da gießt unendlicher Regen herab,
Von den Bergen stürzen die Quellen,
Und die Bäche, die Ströme schwellen.
Und er kommt ans Ufer mit wanderndem Stab,
Da reißet die Brücke der Strudel hinab,
Und donnernd sprengen die Wogen
Des Gewölbes krachenden Bogen.

Und trostlos irrt er an Ufers Rand,
Wie weit er auch spähet und blicket
Und die Stimme, die rufende, schicket,
Da stößet kein Nachen vom sichern Strand,
Der ihn setze an das gewünschte Land,
Kein Schiffer lenket die Fähre,
Und der wilde Strom wird zum Meere.

Da sinkt er ans Ufer und weint und fleht,
Die Hände zum Zeus erhoben:
»O hemme des Stromes Toben!
Es eilen die Stunden, im Mittag steht
Die Sonne, und wenn sie niedergeht
Und ich kann die Stadt nicht erreichen,
So muss der Freund mir erbleichen.«

Doch wachsend erneut sich des Stromes Wut,
Und Welle auf Welle zerrinnet,
Und Stunde an Stunde entrinnet.
Da treibt ihn die Angst, da faßt er sich Mut
Und wirft sich hinein in die brausende Flut
Und teilt mit gewaltigen Armen
Den Strom, und ein Gott hat Erbarmen.

Und gewinnt das Ufer und eilet fort
Und danket dem rettenden Gotte,
Da stürzet die raubende Rotte
Hervor aus des Waldes nächtlichem Ort,
Den Pfad ihm sperrend, und schnaubet Mord
Und hemmet des Wanderers Eile
Mit drohend geschwungener Keule.

»Was wollt ihr?« ruft er, für Schrecken bleich,
»Ich habe nichts als mein Leben,
Das muss ich dem Könige geben!«

Und entreißt die Keule dem nächsten gleich:
»Um des Freundes willen erbarmet euch!«
Und drei mit gewaltigen Streichen
Erlegt er, die andern entweichen.

Und die Sonne versendet glühenden Brand,
Und von der unendlichen Mühe
Ermattet sinken die Kniee.
»O hast du mich gnädig aus Räubershand,
Aus dem Strom mich gerettet ans heilige Land,
Und soll hier verschmachtend verderben,
Und der Freund mir, der liebende, sterben!«

Und horch! da sprudelt es silberhell,
Ganz nahe, wie rieselndes Rauschen,
Und stille hält er, zu lauschen,
Und sieh, aus dem Felsen, geschwätzig, schnell,
Springt murmelnd hervor ein lebendiger Quell,
Und freudig bückt er sich nieder
Und erfrischet die brennenden Glieder.

Und die Sonne blickt durch der Zweige Grün
Und malt auf den glänzenden Matten
Der Bäume gigantische Schatten;
Und zwei Wanderer sieht er die Straße ziehn,
Will eilenden Laufes vorüberfliehn,
Da hört er die Worte sie sagen:
»Jetzt wird er ans Kreuz geschlagen.«

Und die Angst beflügelt den eilenden Fuß,
Ihn jagen der Sorge Qualen,
Da schimmern in Abendrots Strahlen
Von ferne die Zinnen von Syrakus,
Und entgegen kommt ihm Philostratus,
Des Hauses redlicher Hüter,
Der erkennet entsetzt den Gebieter:

»Zurück! du rettest den Freund nicht mehr,
So rette das eigene Leben!
Den Tod erleidet er eben.
Von Stunde zu Stunde gewartet' er
Mit hoffender Seele der Wiederkehr,
Ihm konnte den mutigen Glauben
Der Hohn des Tyrannen nicht rauben.«

»Und ist es zu spät, und kann ich ihm nicht
Ein Retter willkommen erscheinen,
So soll mich der Tod ihm vereinen.
Des rühme der blutge Tyrann sich nicht,
Dass der Freund dem Freunde gebrochen die Pflicht,
Er schlachte der Opfer zweie
Und glaube an Liebe und Treue.«

Und die Sonne geht unter, da steht er am Tor
Und sieht das Kreuz schon erhöhet,
Das die Menge gaffend umstehet,
An dem Seile schon zieht man den Freund empor,
Da zertrennt er gewaltig den dichten Chor:
»Mich Henker!« ruft er, »erwürget!
Da bin ich, für den er gebürget!«

Und Erstaunen ergreifet das Volk umher,
In den Armen liegen sich beide
Und weinen für Schmerzen und Freude.
Da sieht man kein Auge tränenleer,
Und zum Könige bringt man die Wundermär,
Der fühlt ein menschliches Rühren,
Lässt schnell vor den Thron sie führen.

Und blicket sie lange verwundert an.
Drauf spricht er: »Es ist euch gelungen,
Ihr habt das Herz mir bezwungen,

Und die Treue, sie ist doch kein leerer Wahn,
So nehmet auch mich zum Genossen an,
Ich sei, gewährt mir die Bitte,
In eurem Bunde der dritte.«

Die Bürgschaft entstand im Jahr 1798. Schiller greift darin eine
antike Erzählung, überliefert u. a. bei Hygin, auf.

HEINRICH HEINE   (1797–1856)
Loreley

Ich weiß nicht, was soll es bedeuten,
Dass ich so traurig bin;
Ein Märchen aus uralten Zeiten,
Das kommt mir nicht aus dem Sinn.

Die Luft ist kühl und es dunkelt,
Und ruhig fließt der Rhein;
Der Gipfel des Berges funkelt
Im Abendsonnenschein.

Die schönste Jungfrau sitzet
Dort oben wunderbar;
Ihr goldnes Geschmeide blitzet,
Sie kämmt ihr goldenes Haar.

Sie kämmt es mit goldenem Kamme
Und singt ein Lied dabei;
Das hat eine wundersame,
Gewaltige Melodei.

Den Schiffer im kleinen Schiffe
Ergreift es mit wildem Weh;

Er schaut nicht die Felsenriffe,
Er schaut nur hinauf in die Höh.

Ich glaube, die Wellen verschlingen
Am Ende Schiffer und Kahn;
Und das hat mit ihrem Singen
Die Loreley getan.

Heine verfasste das später vielfach vertonte Gedicht 1824.

EDUARD MÖRIKE (1804–1875)
Der Feuerreiter

Sehet ihr am Fensterlein
Dort die rote Mütze wieder?
Nicht geheuer muss es sein,
Denn er geht schon auf und nieder.
Und auf einmal welch Gewühle
Bei der Brücke, nach dem Feld!
Horch! das Feuerglöcklein gellt:
　　Hinterm Berg,
　　Hinterm Berg
Brennt es in der Mühle!

Schaut! da sprengt er wütend schier
Durch das Tor, der Feuerreiter,
Auf dem rippendürren Tier,
Als auf einer Feuerleiter!
Querfeldein! Durch Qualm und Schwüle
Rennt er schon, und ist am Ort!
Drüben schallt es fort und fort:
　　Hinterm Berg,
　　Hinterm Berg
Brennt es in der Mühle!

Der so oft den roten Hahn
Meilenweit von fern gerochen,
Mit des heilgen Kreuzes Span
Freventlich die Glut besprochen –
Weh! dir grinst vom Dachgestühle
Dort der Feind im Höllenschein.
Gnade Gott der Seele dein!
  Hinterm Berg,
  Hinterm Berg
Rast' er in der Mühle!

Keine Stunde hielt es an,
Bis die Mühle borst in Trümmer;
Doch den kecken Reitersmann
Sah man von der Stunde nimmer.
Volk und Wagen im Gewühle
Kehren heim von all dem Graus;
Auch das Glöcklein klinget aus:
  Hinterm Berg,
  Hinterm Berg
Brennts! –

Nach der Zeit ein Müller fand
Ein Gerippe samt der Mützen
Aufrecht an der Kellerwand
Auf der beinern Mähre sitzen:
Feuerreiter, wie so kühle
Reitest du in deinem Grab!
Husch! da fällts in Asche ab.
  Ruhe wohl,
  Ruhe wohl
Drunten in der Mühle!

Mörike verfasste die Ballade 1823 oder 24, als er in Tübingen
Evangelische Theologie studierte.

ANNETTE VON DROSTE-HÜLSHOFF (1797–1848)
Der Knabe im Moor

O schaurig ist's übers Moor zu gehn,
Wenn es wimmelt vom Heiderauche,
Sich wie Phantome die Dünste drehn
Und die Ranke häkelt am Strauche,
Unter jedem Tritte ein Quellchen springt,
Wenn aus der Spalte es zischt und singt,
O schaurig ist's übers Moor zu gehn,
Wenn das Röhricht knistert im Hauche!

Fest hält die Fibel das zitternde Kind
Und rennt als ob man es jage;
Hohl über die Fläche sauset der Wind –
Was raschelt drüben am Hage?
Das ist der gespenstische Gräberknecht,
Der dem Meister die besten Torfe verzecht;
Hu, hu, es bricht wie ein irres Rind!
Hinducket das Knäblein zage.

Vom Ufer starret Gestumpf hervor,
Unheimlich nicket die Föhre,
Der Knabe rennt, gespannt das Ohr,
Durch Riesenhalme wie Speere;
Und wie es rieselt und knittert darin!
Das ist die unselige Spinnerin,
Das ist die gebannte Spinnlenor',
Die den Haspel dreht im Geröhre!

Voran, voran, nur immer im Lauf,
Voran, als woll' es ihn holen;
Vor seinem Fuße brodelt es auf,
Es pfeift ihm unter den Sohlen
Wie eine gespenstige Melodei;
Das ist der Geigemann ungetreu,

Das ist der diebische Fiedler Knauf,
Der den Hochzeitheller gestohlen!

Da birst das Moor, ein Seufzer geht
Hervor aus der klaffenden Höhle;
Weh, weh, da ruft die verdammte Margret:
»Ho, ho, meine arme Seele!«
Der Knabe springt wie ein wundes Reh,
Wär' nicht Schutzengel in seiner Näh',
Seine bleichenden Knöchelchen fände spät
Ein Gräber im Moorgeschwehle.

Da mählich gründet der Boden sich,
Und drüben, neben der Weide,
Die Lampe flimmert so heimatlich,
Der Knabe steht an der Scheide.
Tief atmet er auf, zum Moor zurück
Noch immer wirft er den scheuen Blick:
Ja, im Geröhre war's fürchterlich,
O schaurig war's in der Heide!

Der Knabe im Moor wurde erstmals 1842 gedruckt.

THEODOR FONTANE   (1819–1898)
Die Brück am Tay
   (28. Dezember 1879)

»Wann treffen wir drei wieder zusamm?«
   »Um die siebente Stund, am Brückendamm.«
      »Am Mittelpfeiler.«
                           »Ich lösche die Flamm.«
»Ich mit.«

»Ich komme vom Norden her.«
»Und ich vom Süden.«
                           »Und ich vom Meer.«

»Hei, das gibt einen Ringelreihn,
Und die Brücke muss in den Grund hinein.«

»Und der Zug, der in die Brücke tritt
Um die siebente Stund?«
                           »Ei, der muss mit.«
»Muss mit.«

            »Tand, Tand
Ist das Gebilde von Menschenhand!«

Auf der *Norderseite*, das Brückenhaus –
Alle Fenster sehen nach Süden aus,
Und die Brückersleut ohne Rast und Ruh
Und in Bangen sehen nach Süden zu,
Sehen und warten, ob nicht ein Licht
Übers Wasser hin »Ich komme« spricht,
»Ich komme, trotz Nacht und Sturmesflug,
Ich, der Edinburgher Zug.«

Und der Brückner jetzt: »Ich seh einen Schein
Am anderen Ufer. Das muss er sein.
Nun, Mutter, weg mit dem bangen Traum,
Unser Johnie kommt und will seinen Baum,
Und was noch am Baume von Lichtern ist,
Zünd alles an wie zum Heiligen Christ,
Der will heuer *zweimal* mit uns sein –
Und in elf Minuten ist er herein.«

Und es war der Zug. Am *Süderturm*
Keucht er vorbei jetzt gegen den Sturm,

Und Johnie spricht: »Die Brücke noch!
Aber was tut es, wir zwingen es doch,
Ein fester Kessel, ein doppelter Dampf,
Die bleiben Sieger in solchem Kampf.
Und wie's auch rast und ringt und rennt,
Wir kriegen es unter, das Element.

Und unser Stolz ist unsre Brück;
Ich lache, denk ich an früher zurück,
An all den Jammer und all die Not
Mit dem elend alten Schifferboot;
Wie manche liebe Christfestnacht
Hab ich im Fährhaus zugebracht
Und sah unsrer Fenster lichten Schein
Und zählte und konnte nicht drüben sein.«

Auf der Norderseite, das Brückenhaus –
Alle Fenster sehen nach Süden aus,
Und die Brücknersleut ohne Rast und Ruh
Und in Bangen sehen nach Süden zu;
Denn wütender wurde der Winde Spiel,
Und jetzt, als ob Feuer vom Himmel fiel',
Erglüht es in niederschießender Pracht
Überm Wasser unten … Und wieder ist Nacht.

»Wann treffen wir drei wieder zusamm?«
    »Um Mitternacht, am Bergeskamm.«
        »Auf dem hohen Moor, am Erlenstamm.«

»Ich komme.«
            »Ich mit.«
                        »Ich nenn euch die Zahl.«
»Und ich die Namen.«
                        »Und ich die Qual.«

»Hei!

    Wie Splitter brach das Gebälk entzwei.«

         »Tand, Tand
Ist das Gebilde von Menschenhand.«

Fontane schrieb die Ballade nur wenige Tage nach dem Einsturz der als technische Meisterleistung gefeierten schottischen Brücke Firth of Tay im Dezember 1879. Die Hexen können als Anklang an Shakespeares *Macbeth* gesehen werden.

John Maynard

John Maynard!

»Wer ist John Maynard?«

»John Maynard war unser Steuermann,
Aus hielt er, bis er das Ufer gewann,
Er hat uns gerettet, er trägt die Kron,
Er starb für uns, unsre Liebe sein Lohn.
    John Maynard.«

    *

Die »Schwalbe« fliegt über den Eriesee,
Gischt schäumt um den Bug wie Flocken von Schnee;
Von Detroit fliegt sie nach Buffalo –
Die Herzen aber sind frei und froh,
Und die Passagiere mit Kindern und Fraun
Im Dämmerlicht schon das Ufer schaun,
Und plaudernd an John Maynard heran
Tritt alles: »Wie weit noch, Steuermann?«
Der schaut nach vorn und schaut in die Rund:
»Noch dreißig Minuten ... Halbe Stund.«

Alle Herzen sind froh, alle Herzen sind frei –
Da klingt's aus dem Schiffsraum her wie Schrei,
»Feuer!« war es, was da klang,
Ein Qualm aus Kajüt und Luke drang,
Ein Qualm, dann Flammen lichterloh,
Und noch zwanzig Minuten bis Buffalo.

Und die Passagiere, buntgemengt,
Am Bugspriet stehn sie zusammengedrängt,
Am Bugspriet vorn ist noch Luft und Licht,
Am Steuer aber lagert sich's dicht,
Und ein Jammern wird laut: »Wo sind wir? wo?«
Und noch fünfzehn Minuten bis Buffalo. –

Der Zugwind wächst, doch die Qualmwolke steht,
Der Kapitän nach dem Steuer späht,
Er sieht nicht mehr seinen Steuermann,
Aber durchs Sprachrohr fragt er an:
»Noch da, John Maynard?«
                                    »Ja, Herr. Ich bin.«
»Auf den Strand! In die Brandung!«
                                    »Ich halte drauf hin.«
Und das Schiffsvolk jubelt: »Halt aus! Hallo!«
Und noch zehn Minuten bis Buffalo. – –

»Noch da, John Maynard?« Und Antwort schallt's
Mit ersterbender Stimme: »Ja, Herr, ich halt's!«
Und die Brandung, was Klippe, was Stein,
Jagt er die »Schwalbe« mitten hinein.
Soll Rettung kommen, so kommt sie nur so.
Rettung: der Strand von Buffalo!

Das Schiff geborsten. Das Feuer verschwelt.
Gerettet alle. Nur *einer* fehlt.

*

Alle Glocken gehn; ihre Töne schwelln
Himmelan aus Kirchen und Kapelln,
Ein Klingen und Läuten, sonst schweigt die Stadt,
Ein Dienst nur, den sie heute hat:
Zehntausend folgen oder mehr,
Und kein Aug im Zuge, das tränenleer.

Sie lassen den Sarg in Blumen hinab,
Mit Blumen schließen sie das Grab,
Und mit goldner Schrift in den Marmorstein
Schreibt die Stadt ihren Dankspruch ein:
>»Hier ruht John Maynard! In Qualm und Brand
>Hielt er das Steuer fest in der Hand,
>Er hat uns gerettet, er trägt die Kron,
>Er starb für *uns*, unsre Liebe sein Lohn.
>>John Maynard.«

Fontane greift in der 1885 entstandenen Ballade ein etwa
50 Jahre zuvor stattgefundenes Ereignis auf: das Unglück des
Raddampfers Erie am 9. August 1841.

CONRAD FERDINAND MEYER   (1825–1898)
Die Füße im Feuer

Wild zuckt der Blitz. In fahlem Lichte steht ein Turm.
Der Donner rollt. Ein Reiter kämpft mit seinem Ross,
Springt ab und pocht ans Tor und lärmt. Sein Mantel saust
Im Wind. Er hält den scheuen Fuchs am Zügel fest.

Ein schmales Gitterfenster schimmert goldenhell
Und knarrend öffnet jetzt das Tor ein Edelmann ...

»Ich bin ein Knecht des Königs, als Kurier geschickt
Nach Nîmes. Herbergt mich! Ihr kennt des Königs Rock!«
»Es stürmt. Mein Gast bist du. Dein Kleid, was kümmert's mich?
Tritt ein und wärme dich! Ich sorge für dein Tier!«
Der Reiter tritt in einen dunkeln Ahnensaal,
Von eines weiten Herdes Feuer schwach erhellt,
Und je nach seines Flackerns launenhaftem Licht
Droht hier ein Hugenott im Harnisch, dort ein Weib,
Ein stolzes Edelweib aus braunem Ahnenbild ...
Der Reiter wirft sich in den Sessel vor dem Herd
Und starrt in den lebendgen Brand. Er brütet, gafft ...
Leis sträubt sich ihm das Haar. Er kennt den Herd, den Saal ...
Die Flamme zischt. Zwei Füße zucken in der Glut.

Den Abendtisch bestellt die greise Schaffnerin
Mit Linnen blendend weiß. Das Edelmägdlein hilft.
Ein Knabe trug den Krug mit Wein. Der Kinder Blick
Hangt schreckensstarr am Gast und hangt am Herd entsetzt ...
Die Flamme zischt. Zwei Füße zucken in der Glut.
»Verdammt! Dasselbe Wappen! Dieser selbe Saal!
Drei Jahre sind's ... Auf einer Hugenottenjagd ...
Ein fein, halsstarrig Weib ... ›Wo steckt der Junker? Sprich!‹
Sie schweigt. ›Bekenn!‹ Sie schweigt. ›Gib ihn heraus!‹ Sie schweigt.
Ich werde wild! Der Stolz! Ich zerre das Geschöpf ...
Die nackten Füße pack ich ihr und strecke sie
Tief mitten in die Glut ... ›Gib ihn heraus!‹ ... Sie schweigt ...
Sie windet sich ... Sahst du das Wappen nicht am Tor?
Wer hieß dich hier zu Gaste gehen, dummer Narr?
Hat er nur einen Tropfen Bluts, erwürgt er dich.«
Eintritt der Edelmann. »Du träumst! Zu Tische, Gast ...«

Da sitzen sie. Die drei in ihrer schwarzen Tracht
Und er. Doch keins der Kinder spricht das Tischgebet.

Ihn starren sie mit aufgerissnen Augen an –
Den Becher füllt und übergießt er, stürzt den Trunk,
Springt auf: »Herr, gebet jetzt mir meine Lagerstatt!
Müd bin ich wie ein Hund!« Ein Diener leuchtet ihm,
Doch auf der Schwelle wirft er einen Blick zurück
Und sieht den Knaben flüstern in des Vaters Ohr ...
Dem Diener folgt er taumelnd in das Turmgemach.

Fest riegelt er die Tür. Er prüft Pistol und Schwert.
Gell pfeift der Sturm. Die Diele bebt. Die Decke stöhnt.
Die Treppe kracht ... Dröhnt hier ein Tritt? ... Schleicht dort ein
                                        Schritt? ...
Ihn täuscht das Ohr. Vorüberwandelt Mitternacht.
Auf seinen Lidern lastet Blei und schlummernd sinkt
Er auf das Lager. Draußen plätschert Regenflut.

Er träumt. »Gesteh!« Sie schweigt. »Gib ihn heraus!« Sie schweigt.
Er zerrt das Weib. Zwei Füße zucken in der Glut.
Aufsprüht und zischt ein Feuermeer, das ihn verschlingt ...
»Erwach! Du solltest längst von hinnen sein! Es tagt!«
Durch die Tapetentür in das Gemach gelangt,
Vor seinem Lager steht des Schlosses Herr – ergraut,
Dem gestern dunkelbraun sich noch gekraust das Haar.

Sie reiten durch den Wald. Kein Lüftchen regt sich heut.
Zersplittert liegen Ästetrümmer quer im Pfad.
Die frühsten Vöglein zwitschern, halb im Traume noch.
Friedselge Wolken schwimmen durch die klare Luft,
Als kehrten Engel heim von einer nächtgen Wacht.
Die dunkeln Schollen atmen kräftgen Erdgeruch.
Die Ebne öffnet sich. Im Felde geht ein Pflug.
Der Reiter lauert aus den Augenwinkeln: »Herr,
Ihr seid ein kluger Mann und voll Besonnenheit
Und wisst, dass ich dem größten König eigen bin.
Lebt wohl. Auf Nimmerwiedersehn!« Der andre spricht:
»Du sagst's! Dem größten König eigen! Heute ward

Sein Dienst mir schwer … Gemordet hast du teuflisch mir
Mein Weib! Und lebst! … Mein ist die Rache, redet Gott.«

Das in der Ballade, 1882 erschienen, Beschriebene ist vor dem
Hintergrund der Hugenottenkriege (1562–1710) zu sehen.

Literaturhinweise

Balladen

Bode, Dietrich (Hrsg.): Deutsche Gedichte. Eine Anthologie. Stuttgart: Reclam, 2010.

Detering, Heinrich (Hrsg.): Reclams Buch der deutschen Gedichte. Vom Mittelalter bis ins 21. Jahrhundert. Jubiläumsausgabe. 4. durchges. u. erg. Aufl. Stuttgart: Reclam, 2017.

Flaucher, Stephan: Lateinische Metrik. Eine Einführung. Stuttgart: Reclam, 2008. (Reclams Universal-Bibliothek. 17671.)

Grimm, Gunter E. (Hrsg.): Gedichte und Interpretationen. Deutsche Balladen. Stuttgart: Reclam, 2008 [u. ö.]. (Reclams Universal-Bibliothek. 8457.)

Häntzschel, Günther (Hrsg.): Gedichte und Interpretationen. Bd. 4. Vom Biedermeier zum Bürgerlichen Realismus. Stuttgart: Reclam, 2011 [u. ö.]. (Reclams Universal-Bibliothek. 7893.)

Hartung, Harald (Hrsg.): Gedichte und Interpretationen. Bd. 5. Vom Naturalismus bis zur Mitte des 20. Jahrhunderts. Stuttgart: Reclam, 2011 [u. ö.]. (Reclams Universal-Bibliothek. 7894.)

Hinck, Walter (Hrsg.): Gedichte und Interpretationen. Bd. 6. Gegenwart I. Stuttgart: Reclam, 2012 [u. ö.]. (Reclams Universal-Bibliothek. 7895.)

– Gedichte und Interpretationen. Bd. 7. Gegenwart II. Stuttgart: Reclam, 2011 [u. ö.]. (Reclams Universal-Bibliothek. 9632.)

Kronauer, Brigitte (Hrsg.): »Die Augen sanft und wilde«. Balladen. Ausgew. und komm. von Brigitte Kronauer. Stuttgart: Reclam, 2014. (Reclam Bibliothek. 10995.)

Laufhütte, Hartmut (Hrsg.): Deutsche Balladen. Stuttgart: Reclam, 2014 [u. ö.]. (Reclams Universal-Bibliothek. 8501.)

Meid, Volker (Hrsg.): Gedichte und Interpretationen. Bd. 1. Renaissance und Barock. Stuttgart: Reclam, 2011 [u. ö.]. (Reclams Universal-Bibliothek. 7890.)

Polt-Heinzl, Evelyne / Schmidjell, Christine (Hrsg.): Die schönsten

Balladen. Stuttgart: Reclam, 2012 [u. ö.]. (Reclams Universal-Bibliothek. 19029.)

Richter, Karl (Hrsg.): Gedichte und Interpretationen. Bd. 2. Aufklärung und Sturm und Drang. Stuttgart: Reclam, 2016 [u. ö.]. (Reclams Universal-Bibliothek. 7891.)

Segebrecht, Wulf (Hrsg.): Gedichte und Interpretationen. Bd. 3. Klassik und Romantik. Stuttgart: Reclam, 2014 [u. ö.]. (Reclams Universal-Bibliothek. 7892.)

Johann Wolfgang Goethe

Goethe, Johann Wolfgang: Gedichte. Ausw. und Einl. von Stefan Zweig. Stuttgart: Reclam, 2016 [u. ö.]. (Reclams Universal-Bibliothek. 6782.)

– Fünfzig Gedichte. Ausgew. von Dietrich Bode. Stuttgart: Reclam, 2014 [u. ö.]. (Reclams Universal-Bibliothek. 6783.)

– Gedichte. Studienausgabe. Hrsg. von Bernd Witte. Stuttgart: Reclam, 2008. (Reclams Universal-Bibliothek. 18519.)

Rothmann, Kurt: Kompaktwissen. Johann Wolfgang Goethe. Stuttgart: Reclam, 2009 [u. ö.]. (Reclams Universal-Bibliothek. 15201.)

Stockhammer, Robert: Interpretation. Johann Wolfgang Goethe: Erlkönig. In: Interpretationen. Gedichte von Johann Wolfgang von Goethe. Hrsg. von Bernd Witte. Stuttgart: Reclam, 2009 [u. ö.]. (Reclams Universal-Bibliothek. 17504.) S. 96–108.

Witte, Bernd (Hrsg.): Interpretationen. Gedichte von Johann Wolfgang Goethe. Stuttgart: Reclam, 2009 [u. ö.]. (Reclams Universal-Bibliothek. 17504.)

Friedrich Schiller

Oellers, Norbert (Hrsg.): Interpretationen. Gedichte von Friedrich Schiller. Stuttgart: Reclam, 2008 [u. ö.]. (Reclams Universal-Bibliothek. 9473.)

Pestalozzi, Karl: Interpretation. Friedrich Schiller. Die Kraniche des
Ibykus. In: Norbert Oellers (Hrsg.): Interpretationen. Gedichte
von Friedrich Schiller. Stuttgart: Reclam, 2008 [u. ö.]. (Reclams
Universal-Bibliothek. 9473.) S. 217–236.

Schiller, Friedrich: Gedichte. Hrsg. von Norbert Oellers. Stuttgart:
Reclam, 2014 [u. ö.]. (Reclams Universal-Bibliothek. 1710.)

Stenzel, Jürgen: Interpretation. Friedrich Schiller: Die Bürgschaft.
In: Wulf Segebrecht (Hrsg.): Gedichte und Interpretationen.
Bd. 3. Klassik und Romantik. Stuttgart: Reclam, 2014 [u. ö.].
(Reclams Universal-Bibliothek. 7892.) S. 169–180.

Heinrich Heine

Heine, Heinrich: Sämtliche Gedichte. Kommentierte Ausgabe.
Hrsg. von Bernd Kortländer. Stuttgart: Reclam, 2014 [u. ö.].
(Reclams Universal-Bibliothek. 18394.)

– Fünfzig Gedichte. Ausgew. von Bernd Kortländer. Stuttgart:
Reclam, 2010 [u. ö.]. (Reclams Universal-Bibliothek. 2232.)

– Gedichte. Hrsg. von Bernd Kortländer. Stuttgart: Reclam, 2009
[u. ö.]. (Reclams Universal-Bibliothek. 8988.)

– Neue Gedichte. Hrsg. von Bernd Kortländer. Nachw. von Gerhard
Höhn. Stuttgart: Reclam, 1996. (Reclams Universal-Bibliothek.
2241.)

Kortländer, Bernd (Hrsg.): Interpretationen. Gedichte von Heinrich
Heine. Stuttgart: Reclam, 2013 [u. ö.]. (Reclams Universal-
Bibliothek. 8815.)

Eduard Mörike

Mörike, Eduard: Gedichte. Ausw. und Nachw. von Bernhard Zeller.
Stuttgart: Reclam, 2015 [u. ö.]. (Reclams Universal-Bibliothek.
7661.)

Annette von Droste-Hülshoff

Droste-Hülshoff, Annette von: Gedichte. Hrsg. von Bernd Kort-
    länder. Stuttgart: Reclam, 2012 [u. ö.]. (Reclams Universal-
    Bibliothek. 18292.)
Liebrand, Claudia / Wortmann, Thomas (Hrsg.): Interpretationen.
    Gedichte von Annette von Droste-Hülshoff. Stuttgart: Reclam,
    2014. (Reclams Universal-Bibliothek. 17537).

Theodor Fontane

Fontane, Theodor: Gedichte. Hrsg. von Karl Richter. Stuttgart:
    Reclam, 2010 [u. ö.]. (Reclams Universal-Bibliothek. 6956.)
Richter, Karl: Interpretation. Theodor Fontane. John Maynard.
    In: Gunter E. Grimm (Hrsg.): Gedichte und Interpretationen:
    Deutsche Balladen. Stuttgart: Reclam, 2008 [u. ö.]. (Reclams
    Universal-Bibliothek. 8457.) S. 339–365.

Conrad Ferdinand Meyer

Laufhütte, Hartmut: Interpretation. Conrad Ferdinand Meyer. Die
    Füße im Feuer. In: Gunter E. Grimm (Hrsg.): Gedichte und
    Interpretationen. Deutsche Balladen. Stuttgart: Reclam, 2008
    [u. ö.]. (Reclams Universal-Bibliothek. 8457). S. 318–338.
Meyer, Conrad Ferdinand: Sämtliche Gedichte. Nachw. von Sjaak
    Onderdelinden. Stuttgart: Reclam, 2015 [u. ö.]. (Reclams
    Universal-Bibliothek. 9885.)